Neuausgabe 2023
© Verlag Herder GmbH, Freiburg im Breisgau 2015
Alle Rechte vorbehalten
www.herder.de

Gesamtgestaltung: Uwe Stohrer Werbung, Freiburg; Veronika Preisler, München
Druck: PNB Print Ltd
Gedruckt auf umweltfreundlichem, chlorfrei gebleichtem Papier
Printed in Latvia

ISBN 978-3-451-71506-8

Die Legende von
SANKT MARTIN

Erzählt von Anselm Grün

Mit Bildern von Giuliano Ferri

HERDER

FREIBURG · BASEL · WIEN

Martin wurde im Jahre 316 in Sabaria, im heutigen Ungarn,
geboren. Sein Vater war römischer Offizier und stand im Dienst des
Kaisers. Martin eiferte seinem Vater nach und lernte schon als Kind
reiten und fechten.

Als Martin 15 Jahre alt war, befahl der Kaiser, dass die Söhne der
alten Offiziere für ihre Väter in den Krieg ziehen sollten.

Als Soldat wollte Martin für Gerechtigkeit kämpfen. Er wollte für
die Menschen eintreten, damit sie in Frieden leben konnten.

Bald schon ernannte der Kaiser Martin zum Offizier und sandte ihn
nach Frankreich, wo er mit seiner Einheit die Grenze sichern sollte.

Als Martin an einem klirrend kalten Winterabend auf das Tor von Amiens in Frankreich zuritt, sah er am Wegrand einen Bettler sitzen. Der war nur in Lumpen gekleidet und fror. Die Soldaten um Martin beachteten den Bettler nicht. Sie ritten einfach an ihm vorbei. Doch Martin sah den frierenden Mann und hatte Mitleid mit ihm.

Da er kein Geld bei sich hatte, um es dem Bettler zu geben, zog er kurz entschlossen sein Schwert und teilte seinen roten Soldatenmantel mitten entzwei. Eine Hälfte gab er dem Bettler. Der konnte sein Glück kaum fassen. Er nahm den halben Mantel und wickelte sich darin ein. Endlich konnte er sich ein wenig wärmen.

Die Kameraden lachten Martin aus, als er mit seinem halben Mantel weiterritt. Da der Soldatenmantel rot war, fiel auch allen anderen, die vom Wegrand aus den Einzug der Soldaten beobachteten, sofort auf, dass Martin nur einen halben Mantel trug.

Doch Martin kümmerte sich nicht um das Gelächter seiner Kameraden. Ihm war das Glück des Bettlers wichtiger als sein Ruf bei den anderen Soldaten. Und was die Leute am Wegrand dachten, war ihm in diesem Augenblick auch nicht wichtig. Er hatte dem armen Bettler geholfen. Das machte ihn glücklich.

Zusammen mit den anderen Soldaten übernachtete Martin in der Kaserne. Er war erschöpft und schlief schon bald ein. Da hatte er einen Traum. Ihm erschien ein Mann, der die Hälfte seines roten Soldatenmantels trug. Dieser Mann sagte zu Martin: „Ich bin Jesus. Mir hast du deinen Mantel gegeben." Und zu den Engeln, die im Traum um ihn herumstanden, sagte Jesus: „Martin, der noch nicht getauft ist, hat mich mit diesem Mantel bekleidet." Martin war zutiefst beeindruckt und sehr glücklich. Und als er am nächsten Morgen aufstand, ging er zu einem Priester, nahm Taufunterricht und ließ sich wenig später taufen. Da war er gerade 18 Jahre alt.

Kaum war Martin getauft, fielen die Feinde des Kaisers in
Frankreich ein. Damals herrschte Kaiser Julian. Er versprach seinen
Soldaten großen Lohn, wenn sie für ihn in den Krieg ziehen und
die Feinde besiegen würden. Doch Martin trat vor den Kaiser und
sagte: „Ich will deinen Lohn nicht. Ich will überhaupt nicht mehr
in den Krieg ziehen. Denn von nun an bin ich ein Ritter Christi.
Da gehört es sich nicht, das Schwert gegen andere Menschen zu
erheben."

Kaiser Julian wurde wütend und nannte Martin einen Feigling,
der sich aus Angst vor dem Kampf drücken wolle. Da sagte
Martin zu ihm: „Morgen will ich dir beweisen, dass ich
kein Feigling bin. Ich werde ohne Waffen, nur mit dem
Kreuz in der Hand, durch die Reihen der Feinde gehen."

Der Kaiser nahm die Worte Martins ernst und antwortete:
„Wenn du ohne Waffen für mich kämpfen willst, dann soll es
so geschehen." Doch am nächsten Tag, noch bevor die Soldaten
ausrücken konnten, schickten die Feinde eine Gesandtschaft zum
Kaiser. Sie ließen sagen: „Wir wollen nicht mehr kämpfen. Wir
wollen Frieden mit dir schließen."
Da erkannten alle Offiziere und die ganze Gefolgschaft des Kaisers,
dass sie diesen Frieden Martin zu verdanken hatten. Sein starker
Glaube hatte die Feinde besiegt, ohne dass jemand die Waffen
hatte in die Hand nehmen müssen.

Martin beendete seinen Dienst als Soldat und ging zu Bischof Hilarius. Der unterwies ihn im christlichen Glauben und weihte ihn zum Diakon. Wieder hatte Martin einen wichtigen Traum: Jesus befahl ihm, seine Eltern in Mailand zu besuchen und sie zum christlichen Glauben zu bekehren. Unterwegs werde er aber viel Leid erfahren.

Und tatsächlich wurde er auf seiner Reise von Räubern überfallen. Sie fesselten ihn, und einer der Räuber bewachte ihn. Als dieser ihn fragte, ob er keine Angst habe, antwortete Martin: „Nein, denn in der größten Not ist mir Gottes Erbarmen am nächsten."

Der Räuber war beeindruckt von Martins Vertrauen in Gott. Er ließ ihn frei und bekehrte sich selbst zum Glauben.

Martin setzte seinen Weg fort und kam schließlich unbeschadet
bei seinen Eltern an. Seine Mutter konnte er zum Glauben bekehren, sein Vater jedoch wollte nichts von Gott wissen. Martin
kehrte nun nach Poitier zu Bischof Hilarius zurück. Dort baute
er eine kleine Einsiedelei und zog sich in die Einsamkeit zurück.
Doch die Leute kamen gerne zu ihm. Sie fragten ihn um Rat oder
baten ihn, für ihre kranken Angehörigen zu beten. Einige Kranke
wurden durch Martins Gebete wieder gesund. Und einige junge
Männer wollten so leben wie er und schlossen sich ihm an. So
wurde aus der Einsiedelei schnell ein Kloster.

In der Nähe des Klosters lag die Stadt Tours.

Als der Bischof von Tours starb, suchten die Christen
der Stadt nach einem Nachfolger. Sie alle hatten von
Martins tiefem Glauben und seiner Wunderkraft gehört.
Deshalb wählten sie Martin zu ihrem neuen Bischof.
Doch als die Leute kamen, um Martin in die Stadt zu
bringen, versteckte er sich in einem Gänsestall. Er wollte
viel lieber in der Stille seines Klosters bleiben, als in der
geschäftigen Stadt wohnen. Aber die Gänse im Stall
schnatterten so laut, dass Martins Versteck sofort entdeckt
wurde. Nun wehrte sich Martin nicht mehr gegen die Wahl.
Er ging mit den Leuten und wurde zum Bischof von Tours
geweiht.

Von Martin ging eine heilende Kraft aus. Viele brachten
ihre Kranken zu ihm oder baten ihn, zu ihnen zu kommen.
So kam auch ein Vater zu Bischof Martin in der Hoffnung,
er würde seine kranke Tochter heilen. Sie war gelähmt und
konnte nicht mehr sprechen.
Martin setzte sich zu dem Mädchen ans Bett, sprach leise mit
ihm und flößte ihm einen Löffel heiliges Öl ein. Da machte das
Mädchen den Mund auf und begann zu sprechen. Sie stand
auf und war gesund. Überglücklich dankte der Vater Bischof
Martin für seine Wundertat.

Von Martin wird auch erzählt, dass ihm Tiere und Pflanzen gehorchten. Einmal soll er gesehen haben, wie Hunde einen Hasen jagten. Martin hatte Mitleid mit dem Hasen und befahl den Hunden, ihre Verfolgung aufzugeben. Sofort blieben sie stehen und ließen den Hasen laufen. Selbst die Elemente wie Feuer oder Wasser sollen auf Martins Wort gehört haben. Als einmal in der Stadt ein Feuer wütete und auf das Haus einer christlichen Familie überzuspringen drohte, stellte sich Martin den Flammen entgegen und gebot ihnen, Halt zu machen. Da kam ein starker Wind auf, der das Feuer zur Umkehr zwang.

Martin wurde 81 Jahre alt. Unermüdlich war er für die Menschen da.
Als er spürte, dass er sterben würde, segnete er alle Leute in seiner
Umgebung und sagte ihnen, dass er nun aufbrechen werde zu seinem
Herrn Jesus Christus. Am 8. November 397 starb Martin und wurde drei
Tage später, am 11. November, bestattet.

Seitdem feiern wir am 11. November das Fest des heiligen Martin.
Als Zeichen dafür, dass Martin Licht und Liebe in unsere dunkle Welt
gebracht hat, ziehen viele Kinder mit Laternen durch die Straßen. Im
Spiel stellen sie dar, wie Martin seinen Mantel teilte und einem Bettler
die Hälfte schenkte. So erinnert uns Martin noch heute daran, dass auch
wir das, was wir haben, mit Menschen teilen sollen, die in Not sind.